AF384686

MÉMOIRE

POUR

LE SIEUR AMBROISE GRAND,

GARDE NATIONAL

DE LA 4ᵉ COMPAGNIE DU BATAILLON DE BRIENNE-LE-CHATEAU (AUBE),
ET DEUXIÈME CHORISTE DE L'ÉGLISE PAROISSIALE DE MAIZIÈRES,
PRÈS BRIENNE, SUR CETTE QUESTION :

D'après l'article 5 de la charte de 1830, un garde national qui professe la
religion catholique est-il passible d'une peine ou d'une poursuite quelconque
s'il s'abstient de paraître aux exercices et aux revues les dimanches et fêtes
pour assister à la messe et aux vêpres, lorsque l'heure indiquée pour ces exercices et ces revues est précisément celle des offices ou de l'un des offices de
l'église.

PAR M. GOSSIN,

Avocat à la cour royale de Paris, ancien conseiller à la même cour.

ET SUIVI DE

L'ADHÉSION DE PLUSIEURS JURISCONSULTES DU BARREAU DE

PARIS.

DEUXIÈME ÉDITION,
REVUE ET CORRIGÉE.

PRIX : 60 CENTIMES.

PARIS,

CHEZ GAUME FRÈRES, LIBRAIRES,
RUE DU POT-DE-FER, Nº 5.

1833

MÉMOIRE

POUR

LE SIEUR AMBROISE GRAND,

GARDE NATIONAL.

La question principale qui se trouve en ce moment soumise à la décision de la Cour est d'une haute importance; par l'arrêt, fécond en conséquences protectrices ou fatales qui va être rendu, sera vivifié ou paralysé l'exercice d'un des droits publics que la Charte assure à la nation, et ce droit tient le premier rang entre les autres, puisque c'est celui de la liberté des cultes.

L'intérêt religieux de tout Français qui professe avec sincérité un culte quelconque ne peut pas être satisfait par cela seul que la Charte *a dit* que chacun serait libre dans sa croyance, et jouirait pour son culte d'une égale protection.

Pour que ce Français croie à la vérité de ces deux promesses, il faut que, du texte de la loi fondamentale où elles sont enregistrées, elles passent dans la pratique, et deviennent des faits.

Ce droit, comme la propriété, comme la liberté individuelle, comme tous les autres droits, en un mot, a des franchises qui lui sont particulières; il faut qu'on s'accoutume à ses allures impatientes d'entraves, et qu'on apprenne à respecter ses exigences légitimes, parce que tout cela fait partie de lui-même.

Il faut, d'un autre côté, que les divers droits publics soient assez fermes pour aller tout seuls, pour ainsi dire, et que nul homme, en s'interposant entre la Charte qui les a consacrés et le citoyen qui prétend en jouir, n'ait le pouvoir d'en usurper la tutelle.

Je ne suis libre que parce que je puis sortir sans en demander permission à personne. Je ne suis vraiment propriétaire que parce que je puis user et abuser de ma chose sans me soumettre au contrôle d'autrui. Suis-je écrivain? la liberté de la presse n'est pour moi qu'un mot vide de sens, si entre mon ouvrage et sa publication, je dois requérir le bon vouloir d'autrui. Chrétien et catholique, je ne suis protégé dans mon culte que si, appelé aux pieds des autels par le son de la cloche, nulle défense ne peut m'empêcher de m'y rendre, à moins qu'il ne s'agisse d'accomplir un devoir social du premier ordre, et qui ne souffre pas de retard.

Les questions relatives aux libertés publiques ont déjà donné lieu à de nombreuses et solennelles discussions; celles qui se rattachent à la liberté religieuse se sont jusqu'ici plus rarement produites.

Les intérêts temporels sont ardens, impétueux, irritables; de là tant de débats sur l'étendue des droits publics qui ont avec eux une connexité intime.

Les actes arbitraires qui blessent l'homme religieux dans ce qui tient à l'exercice de son culte lui sont profondément douloureux; mais, ennemi par principes du scandale et des procès, il oppose long-temps la patience à la vexation. Il aime mieux user l'iniquité par l'effet du temps, que d'en poursuivre incontinent la réparation; lui seul connaît bien tout ce qu'une plainte publique impose de violence et commande de sacrifice à ses habitudes de résignation et de paix. Il arrive toutefois un moment où la mesure étant plus que comblée, il est nécessaire d'éclater, sous peine de devenir coupable à force de condescendance, en laissant dégénérer la douceur en une sorte d'acquiescement donné par anticipation à toutes les avanies.

Telle est la position du sieur Grand: elle lui conciliera peut-être l'intérêt et la bienveillance de la Cour; mais à coup sûr elle le recommandera à sa justice.

Le sieur Grand, second choriste ou chantre de

l'église paroissiale de Maizières, près Brienne-le-Château, s'est pourvu en cassation contre deux jugemens rendus contre lui le même jour, 24 février 1833, par le conseil de discipline du bataillon de la garde nationale de Brienne, département de l'Aube.

Par le premier de ces jugemens, le sieur Grand est condamné à l'amende de six journées de travail;

Par le second, le conseil se déclare incompétent, et renvoie le sieur Grand devant le tribunal de police correctionnelle de Bar-sur-Aube, pour y être jugé en exécution de l'article 92 de la loi du 22 mars 1831.

Comme parmi les moyens que le sieur Grand doit soumettre à la Cour, un seul s'applique à la fois aux deux jugemens dont il s'agit, il y a, pour plus de clarté, nécessité de discuter séparément les deux décisions qui sont l'objet du recours.

§ Ier.

Premier jugement du 24 février 1833, qui condamne le sieur Grand à une amende de six journées de travail.

Trois ouvertures sont proposées contre ce jugement :

(5)

1° Violation de l'article 5 de la Charte constitutionnelle ;

2° Excès de pouvoir ;

3° Violation des articles 89 et 84 de la loi du
21 mars 1831.

PREMIER MOYEN.

Violation de la Charte constitutionnelle, article 5.

Cet article dispose *que chacun professe sa re-*
ligion avec une égale liberté, et obtient pour son
culte la même protection.

Ainsi la Charte n'a pas borné sa prévoyance à
garantir à tous les Français la liberté de conscience ;
elle a été plus loin : elle a solennellement promis
à chacun *qu'il serait protégé dans l'exercice de son*
culte.

Pourquoi la Charte a-t-elle étendu sa sollicitude
non seulement à la liberté de conscience, mais
encore à la protection du culte de chacun ?

Parce que le législateur savait qu'à la différence
de la religion naturelle, qui, toute renfermée
dans l'âme de l'homme, peut se concevoir indé-
pendamment de manifestations extérieures, les
religions positives, et surtout la religion chré-
tienne, se composent de deux élémens bien dis-
tincts :

D'abord des dogmes, des mystères, des croyan-
ces, toutes choses qui ne sortent point de l'impé-
nétrable sanctuaire de la conscience de l'homme ;

Et ensuite des cérémonies , des sacremens , des ri tes et des prières publiques , dont l'ensemble forme la religion extérieure ou le culte proprement dit.

Que la Charte ait rendu hommage à la liberté de conscience , sachons-lui-en gré ; mais il faut le dire sans détour , si son bienfait se fût arrêté là , il eût été inutile et illusoire.

Sous les plus cruels persécuteurs du christianisme , jamais l'autorité civile n'a prétendu pénétrer dans la conscience du fidèle pour en arracher violemment la foi.

Elle l'aurait tenté sans succès ; la conscience de l'homme était au-dessus de la puissance impériale des Néron et des Domitien. Aujourd'hui , comme alors, le fer du bourreau pourrait épuiser de sang le cœur d'un martyr, mais arracher de force une seule de ses convictions religieuses , jamais.

Pendant la terreur de 1793 , les tribunaux révolutionnaires ont pu condamner à mort des chrétiens convaincus de *fanatisme* , pour avoir assisté en secret à la célébration des divins mystères ; mais la Convention, dans son omnipotence de folies et de crimes, n'a jamais pu dire, n'a jamais essayé de dire à un Français : *Tu ne croiras point* , ou *tu ne croiras plus.*

Ainsi donc hommage à la Charte, alors qu'elle veut bien consacrer la liberté religieuse ; mais répétons-le , ses promesses devaient aller au-delà, à peine d'encourir le reproche de déception. Aussi lisons-nous dans l'article 5, nous le répétons, que *chacun non seulement professe sa religion avec une liberté entière, mais encore obtient pour son culte la même protection.*

Mais que signifie pour un chrétien la protection que la loi fondamentale *lui accorde pour son culte ?*

N'est-ce pas la faculté la plus illimitée d'assister les jours fériés aux offices divins, de participer aux cérémonies augustes de la religion, d'entendre les instructions de ses ministres, de s'associer aux prières de ses frères, et en un mot de remplir tous les devoirs extérieurs que le christianisme impose ?

Si telle n'est pas la protection garantie par la Charte, la Charte n'en offre aucune en matière de liberté religieuse. Mais si, en réalité, la Charte a fait toutes ces promesses, et qu'il y ait un seul Français qui, la Charte à la main, ne puisse exercer le droit de se rendre à l'église au signal de la réunion aux pieds des autels, ou il y aura une loi au-dessus de la Charte, ou, ce qui serait plus funeste encore, il serait vrai que, même en l'absence de cette loi impossible, il y a parmi nous assez de facilité à l'arbitraire pour qu'il soit loisible à quelqu'un de faire impunément entendre ces étranges paroles : *La Charte te protége en spéculation dans ton culte, et moi, dans la pratique, je t'interdirai ton culte ; tu es catholique, eh bien, tu n'iras au temple en accomplir les devoirs pu-*

blics que sous mon bon plaisir. En vain me dis-
tu que ces devoirs, qui sont pour toi un besoin, te
rendent à la fois meilleur et plus heureux ; si tu
me désobéis, tu seras cité en justice et tu iras en
prison, et si notre endroit manque de geôle, tu
seras du moins mulcté d'amende.

Pour quelle cause le sieur Grand a-t-il été frappé de trois condamnations? Il a voulu se rendre à l'église pour y remplir son office de choriste et son devoir de fidèle : voilà son crime.

Et quel motif de le retenir sous les armes dans
les rangs de la garde nationale, après que l'heure de
l'office divin avait sonné? S'agissait-il d'un service
d'ordre et de sûreté? Était-il question de compri-
mer une émeute? de protéger la sûreté publique
menacée? Fallait-il au moins monter la garde?
Devait-il un de ces services qui n'admettent ni
retards ni excuses, et pour lesquels la religion,
si éminemment raisonnable dans tous ses pré-
ceptes, même en apparence les plus absolus, or-
donne une obéissance prompte et sans réplique?
Non.

Seulement il avait plu à M. le commandant du
bataillon d'indiquer précisément l'heure des vêpres pour faire faire des évolutions à la garde
nationale du canton (1).

(1) L'auteur de ce mémoire n'entend incriminer les intentions
de personne. Il doit les mettre et les met entièrement en dehors du
procès ; il n'est ni dans sa volonté ni dans ses principes d'offenser

Il est donc vrai qu'en dépit de la Charte et de ses promesses, il dépend du caprice d'un commandant de la garde nationale d'interdire à un Français l'exercice de son culte pendant une partie de l'année, puisque le dimanche est choisi partout pour les revues et les parades ?

Ce Français sera privé d'assister à l'auguste sacrifice des autels, si le commandant, pour jouir de la fraîcheur des matinées d'été, prend l'heure de la grand'messe pour commander des manœuvres à la milice qui pour être citoyenne n'en est pas moins pourtant en majorité catholique.

Que si la saison fait préférer à M. le commandant les heures de l'après-midi, ce garde national pourra bien entendre la messe, mais il devra faire, sans mot dire, le sacrifice des offices du soir.

On reconnaît que pendant l'hiver et l'automne, le mauvais temps, le verglas et la neige pourront de temps à autre devenir les auxiliaires de la Charte, et protéger de fait le culte de ce Français. Oui, grâce aux variations du baromètre, des exercices seront parfois contremandés, et il y aura tels dimanches où ce fidèle pourra contenter sa piété en assistant et aux offices du matin et à ceux du

des individus qui ne sont point en cause. Les raisonnemens sur lesquels s'appuie la défense du sieur Grand et les diverses hypothèses qui les accompagnent ne sont donc que des généralités destinées seulement à prouver le droit. Le sieur Grand n'en fait l'application à personne ; il désavoue d'avance et de la manière la plus expresse toute induction contraire à la présente déclaration.

soir. Mais, on le demande, quand on a si haute-
ment annoncé que la Charte serait une vérité,
la nation française, si généralement catholique
et religieuse, ne serait-elle pas la fable et la risée
de l'Europe, si sa population mâle de l'âge de
vingt à soixante ans n'était assurée de l'exercice
complet de son culte, les jours fériés, que sous
l'influence tutélaire, mais toujours incertaine, du
dégel, des orages et de la pluie ?

Un publiciste célèbre (1) a dit que les libertés
publiques n'étaient que des résistances. Cette défi-
nition est profonde et vraie.

En effet, qu'importe que la loi m'assure un
droit proclamé inviolable, s'il dépend du caprice
d'un homme quelconque de me priver de l'exercice de ce droit?

Qu'importe que j'aie, d'après la Charte, le droit
d'adorer Dieu selon ma croyance, en commun
avec mes frères, avec mon pasteur, si je ne puis me
rendre à l'église de mon village qu'avec la certitude
d'un procès et la menace d'une condamnation?

Il est manifeste qu'un garde national convoqué
pour une parade, pour une revue, ou pour
toute autre réunion, en un mot, que celle qui a
pour objet un service d'ordre et de sûreté, a le
droit, au signal de la prière commune, de quit-
ter à l'instant les rangs pour aller où sa foi et les
besoins de son âme l'appellent.

(1) M. Royer-Collard.

S'il dépend de son caporal ou de son capitaine
de l'enchaîner dans les rangs, ou de ne le laisser aller qu'à la charge d'un procès suivi d'a-
mende ou de prison (1), ne dites donc plus qu'en
France chacun professe sa religion avec liberté,
et que chacun obtient pour son culte toute protection. Quoi! ce Français ne pourrait pas ré-
sister impunément à la violation flagrante qu'on
veut faire de son droit? Cette résistance légale,
licite, vertueuse même, serait traitée de délit,
et punie comme tel? et vous voudriez me persuader que l'exercice de la religion catholique serait libre en France? Non, il ne le serait pas, en dépit
de la Charte de 1830 et de la promesse pourtant
si solennelle qui avait précédé sa publication (2)!

Dira-t-on que le garde national devait tout au
moins solliciter la permission de sortir des rangs?
Grand l'a demandée dans toutes les occasions. Il
a supplié, conjuré ses chefs de le laisser remplir

(1) Ce n'a été que par un excès de pouvoir évident que le conseil
a, par une décision précédente, appliqué la peine de l'amende au
fait de n'avoir pas assisté à un exercice de revue : la loi ne prononce
qu'une simple réprimande. Mais la gravité de la peine n'est ici d'aucune importance. Si le droit d'assister aux offices publics du culte
est acquis aux gardes nationaux nonobstant l'indication d'un service de revue et d'exercice, il est clair qu'il y a la même violation de
principes dans une simple réprimande que dans une peine d'amende
ou de prison. Si je n'ai fait qu'user de mon droit en me rendant à
l'office un jour de dimanche, je puis repousser tout autant une
simple réprimande qu'une peine plus rigoureuse.

(2) *La Charte sera désormais une vérité.* (Proclamation du lieute-
nant-général du royaume aussitôt après la révolution de juillet.)

son devoir de chrétien et son office de chantre ; toujours il a été refusé. Poussé à bout, Grand a pris la Charte au sérieux, et s'est rendu à l'office en exécution de la Charte. Où est son crime ?

En définitive, si la condescendance de l'officier ou du sous-officier devait être invoquée, un seul individu demeure donc le maître d'accorder ou de refuser à son gré la jouissance d'un des droits publics consacrés par la loi fondamentale au profit de tous ?

Or, peut-il tomber sous le sens qu'un article de la Charte, et le plus important de tous, puisse jamais avoir besoin d'une ordonnance d'*exequatur?* Honneur aux lois assez vigoureuses pour se soutenir elles-mêmes, et pour protéger la faiblesse contre toutes les tyrannies, y compris les vexations locales, qui ne sont pas les moindres ! Si la Charte a besoin de la sanction d'un sous-officier de la garde nationale pour être exécutée; si l'un de mes droits publics, comme Français, est réduit à se rapetisser jusqu'à ce point qu'il devienne *la permission* de demander une *permission*, je pourrai bien, pacifique villageois, m'applaudir de l'obligeance de mon sergent et en *profiter;* mais comme Français, je n'aurai guère sujet de m'enorgueillir des institutions politiques de ma patrie.

En effet, je me plaindrai moins de ce qu'un homme portant galons ou épaulettes me fait sentir abusivement sa supériorité, que je ne m'indi-

gnerai contre une Charte qui, dès les premières
années de son existence, serait frappée d'épui-
sement, à ce point qu'incapable de maintenir ce
qu'elle a voulu, et de tenir ce qu'elle a promis,
elle m'abandonnerait aussitôt que j'entendrais
user de ses prétendus bienfaits.

Que si l'*exeat* m'est gracieusement octroyé,
tout en profitant de cette faveur, je ne pourrai
pourtant pas me féliciter d'avoir eu hier, de posséder encore aujourd'hui, et de posséder demain
des droits que je léguerai à mes enfans, Français comme moi; mais je dirai qu'hier mon sergent
a été obligeant, que demain il peut être hautain et
dur, et qu'après moi mes enfans seront traités
selon que seront les hommes d'alors; d'ailleurs
rien d'assuré ni pour eux ni pour moi. Telle est en
effet la différence qui existe entre les complai-
sances des hommes et les droits. Les unes sont
éphémères, les autres ne meurent pas; les premières ne rassasient, ne satisfont, ne tranquil-
lisent jamais; elles tiennent à l'homme, elles sont
mobiles comme lui; les seconds au contraire,
procurent la sécurité, la paix et le bonheur: on
sent qu'ils sont solides comme ces vieilles forte-
resses qui restent debout tout entières après
tant de siècles, tandis que dans la cité qu'elles
protégent tout s'est renouvelé cent fois sous leur
puissant abri.

En résumé, jusqu'à ce que, semblables à l'astre

qui répand incessamment sur toutes les créatures la chaleur et la vie, les deux tables lumineuses, symbole magnifique de la Charte, fassent resplendir toutes les franchises nationales sur les humbles fronts pour être à la fois leur ornement et leur sauvegarde, il n'y aura en France ni esprit public ni amour du pays. Quand les lois de garantie sont baffouées par les autorités chargées de les exécuter, indignes déceptions, elles ne provoquent, au lieu de reconnaissance, que la malédiction des peuples.

Et quel recours l'organisation administrative offre-t-elle contre des abus si crians? Aucun.

Le règlement local pour les exercices de revue et de parade, dressé en exécution de la loi du 21 mars 1831 (art. 73), indique bien le jour du dimanche comme celui où auront lieu les réunions de la garde nationale, mais il ne fixe aucune heure, et la loi est muette sur la nécessité de la préciser. Ainsi, en l'absence d'un acte de l'autorité publique portant fixation de l'heure des exercices d'instruction et de revues, il dépend de la volonté du commandant de décider que tel dimanche il n'y aura pas de service divin pour la garde nationale de tout un canton, et que le dimanche suivant l'assistance aux offices du soir sera interdite à toute cette population catholique.

Un préfet qui, par un arrêté, commettrait de tels abus de pouvoir verrait sa décision annulée;

mais comme le caprice d'un commandant n'est consigné dans aucun acte écrit et susceptible d'être attaqué, des cantons entiers sont condamnés à le subir.

Il faut le dire, et sans entendre ici faire aucune application qui soit désobligeante pour les chefs de la garde nationale et les maires du département de l'Aube, on connaît des arrondissemens où, en esprit de vexation, les exercices de revue et de parade ont été à dessein indiqués, les dimanches, aux heures accoutumées des offices du matin et du soir. Il y a de prétendus patriotes qui, dans leur ignorance de ce qui constitue la véritable liberté, trouvent piquant de mettre des citoyens connus par leur sincère piété dans l'alternative ou d'aller en prison, ou de manquer à l'accomplissement de leurs devoirs religieux.

Contre une telle persécution, il reste cependant un remède; c'est l'autorité de la Cour suprême, dont les arrêts sont la parole de la justice même.

Le sieur Grand s'adresse avec confiance au sénat de la magistrature française.

Le sieur Grand n'a jamais manqué au service d'ordre et de sûreté, même pendant les offices du dimanche.

Mais, ce cas excepté, il demande à user du bénéfice de l'article 5 de la Charte.

Il faut que la cloche d'une paroisse, qui appelle les fidèles à l'office divin, entoure d'une sorte de sauf-conduit le catholique qui se rend à l'église pour y exercer son culte.

Les exercices publics de la religion appartiennent aux chrétiens ; ils usent de leurs droits en y assistant. Viendra ensuite, si elle n'a pas encore eu lieu, la revue de la garde nationale à laquelle nul alors n'aura de prétexte pour se soustraire. C'est cet échange inviolable de droits et de devoirs entre la société et les citoyens qui fait enfin croire aux nations que les chartes sont quelque chose.

La société, dit-on, a intérêt à ce que la garde nationale sache manier ses armes et faire des évolutions : qui entend le nier ? Mais à leur tour les familles, et par conséquent la société elle-même, n'ont-elles pas un intérêt bien plus puissant encore à ce qu'au moins une fois par semaine les pères et les jeunes hommes puissent se rendre dans l'édifice consacré à leur culte, pour y apprendre ce que l'on n'apprend que là, les devoirs de toute espèce qu'ils ont à remplir, la crainte de Dieu, le désir de lui plaire, la haine du vice, l'amour de la vertu, la patience dans les maux et l'espérance d'une vie meilleure, pour porter plus légèrement celle-ci ?

Le pied des autels fut long-temps parmi nous un asile sacré pour les plus insignes malfaiteurs. Y a-t-il en 1833 prétention exagérée à vouloir que d'honnêtes gens, que de bons pères de famille, tels

que sont les vrais chrétiens, n'en puissent être
violemment arrachés les jours fériés, pendant les
heures accordées de tout temps aux exercices publics du culte?

La garde nationale, disent les motifs du jugement attaqué, *ne sera plus qu'un vain nom*, si le
sieur Grand, qui était présent à l'appel et est sorti
des rangs sous le prétexte qu'en sa qualité de
second chantre de l'église de Maizières, le son de
la cloche l'appelait à vêpres, a pu impunément
s'affranchir, par sa propre volonté, des règles de
la discipline.

Que d'erreurs dans ce peu de mots !

Le sieur Grand n'entend pas contester que la
garde nationale doive être autre chose qu'un vain
nom ; il soutient seulement la seule coïncidence
des offices publics de l'église, les jours fériés, avec
l'heure choisie pour les exercices de revues et d'é-
volutions, l'affranchit de plein droit de l'obliga-
tion de se rendre ou de rester dans les rangs.

Entre le sieur Grand, se retranchant dans un
droit sacré qu'il tient de la Charte, et M. le commandant, choisissant pour ses évolutions une
heure acquise de temps immémorial aux exercices publics du culte catholique, qui devra céder?

Le sieur Grand n'a-t-il pas pour lui la Charte,
cettte loi souveraine?

Le sieur Grand n'était-il pas en possession de
l'heure des offices avec tous les fidèles long-temps

avant que la garde nationale existât? Dépend-
il du sieur Grand de la changer? N'est-elle pas
adoptée par la convenance générale des habitans?

En vain le conseil, n'apercevant pas le moyen si
facile de concilier les droits du fidèle avec les devoirs du citoyen, s'indigne-t-il de ce que le sieur
Grand ait pu, par sa seule volonté, s'éloigner des
rangs. En vain jette-t-il un cri de détresse, comme
si cette défection licite et légale, dans les circonstances qui l'accompagnent, ébranlait le corps
entier de la garde nationale.

Ses doléances ne trouveront point de sympathie
dans les magistrats de la Cour suprême.

Ils sont placés trop haut, ils ont trop de lumières
pour ne pas voir que l'institution de la garde nationale est tout-à-fait en dehors de cette cause;
qu'il ne s'agit que d'un changement d'heure, tandis
qu'il faudrait effacer de la Charte l'article 5, si le
droit qu'elle consacre en principe était, dans son
exercice, soumis au bon plaisir de qui que ce
puisse être : le droit disparaît dès lors que la
permission est requise.

Un homme étouffe si, pour respirer, il ne lui
suffit pas de la loi de sa nature qui lui demande
de l'air sous peine de mort, et s'il doit, à chaque
instant, solliciter la permission de dilater sa poi-
trine.

Il en est de même des droits nationaux : ils
meurent misérablement si après être sortis tout

vivans du sein de la Charte ils ont besoin, indignes enfans d'une telle mère, d'une autre volonté que la sienne pour protéger toutes les libertés publiques.

Qu'on y prenne garde, il n'y aura pour le pays ni gloire, ni repos, ni bonheur tant qne la première de toutes les libertés, la liberté religieuse, ne sera pas respectée jusqu'au scrupule.

SECOND MOYEN.
Excès de Pouvoir.

Il est de principe élémentaire que nulle peine ne peut être infligée à un fait qui n'est pas nettement et en termes exprès déclaré par la loi constituer une infraction punissable. La probabilité qu'un fait est un délit ne peut suffire pour motiver la peine la plus légère : la peine étant certaine, il faut que l'action qui la provoque ait, comme infraction, le même caractère de certitude, autrement on verrait la justice cesser de mériter son nom en appliquant des châtimens réels à des actions peut-être innocentes. La loi française ne tolère pas, ne peut tolérer des *vraisemblances* dans une matière qui est toute de rigueur.

Eh bien, cette première règle de tous les jugemens, le Conseil de discipline du canton de Brienne-le-Château l'a violée en déclarant que l'absence du choriste Grand pendant l'office divin, à trois reprises différentes, *le portant à croire* qu'il y avait de sa part désobéissance et insubordination aux ordres d'instruction et de service, il y avait lieu, à défaut d'une prison dans la localité, de le condamner à une amende de six journées de travail.

Un pareil jugement ne peut pas subsister, car il applique une peine à une action que les juges hésitent à qualifier et dont ils ignorent eux-mêmes le véritable caractère. Le Conseil, en disant qu'il est *porté à croire que Grand est coupable de désobéissance et d'insubordination*, ne proclame que doute et qu'incertitude. Dans cette position, il devait prononcer le renvoi du prévenu. En le condamnant, au contraire, les juges ont rendu un jugement monstrueux.

Être seulement porté à croire que Grand ait été désobéissant et insubordonné, et cependant le mulcter d'amende, faute d'avoir une prison pour l'y détenir, c'est le renversement de toutes les idées reçues, et des notions les plus vulgaires du juste et de l'injuste.

Souvent des magistrats *croient bien* qu'un homme est coupable, et cependant ils n'osent pas lui infliger de peine. Ils mettent une différence extrême entre leur conviction comme juges et leur simple croyance comme hommes; car l'une à de graves conséquences pour autrui, tandis que la seconde n'en entraîne aucune. Cependant il est autant de distance entre *être porté à croire* qu'un homme est coupable et *le croire* coupable, qu'il en existe dans l'esprit des juges

entre la simple croyance et l'intime conviction ;
et pourtant, pourrait-on se le persuader si le jugement n'en faisait pas foi, c'est sur ces inconcevables motifs qu'on vient de rappeler que Grand
a été frappé de condamnation rigoureuse ! (1)

TROISIÈME MOYEN.

Fausse application des articles 89 *et* 84 *de la
loi du* 21 *mars* 1831.

La cour a, par une foule d'arrêts consignés
dans tous les recueils, décidé que le fait de n'avoir
pas assisté à des exercices de revue et d'instruction, ou de s'être retiré avant la fin de ces exercices, quelque réitéré qu'il fût, ne constituait pas
seul l'infraction de désobéissance et d'insubordination, et qu'il fallait que ces absences récidivées
fussent accompagnées de quelques circonstances
aggravantes constatées par le jugement lui-même;
or c'est ce qui ne se lit pas dans la décision attaquée, à moins que les gardes nationaux qui l'ont
rendue n'aient trouvé que sortir des rangs pour
se rendre à l'église, c'était de la part de Grand,
deuxième chantre de l'église, un cas plus énorme
que de s'être retiré chez soi par lassitude ou par
ennui.

(1) Des jugemens précédens ont puni le malheureux chantre
Grand d'avoir assisté à l'office de sa paroisse, au lieu de garder sa
place dans les rangs de la garde nationale paradant le dimanche.
Grand s'était pourvu devant la Cour en temps utile, mais un défaut
de forme l'a forcé de renoncer à son pourvoi et de payer l'amende.

§ II.

Second jugement du 24 février 1833, qui renvoie le sieur Grand au tribunal de police correctionelle de Bar-sur-Aube.

Contre ce second jugement, le sieur Grand peut faire valoir le premier moyen tiré de la violation de l'article 5 de la Charte.

Si, comme le sieur Grand a lieu de l'espérer, le premier jugement de ce jour, 24 février 1833, est cassé, le second devra l'être également, puisqu'il sera vrai de dire qu'il n'aura point été rendu dans le courant de l'année contre lui deux jugemens pour *refus de service*. En effet, le premier jugement, celui du 4 novembre dernier, quoiqu'ayant toujours eu pour prétexte l'assistance du sieur·Grand aux offices, n'a pas été motivé sur un prétendu *refus de service*.

Il y a plus, arrivât-il, par impossible, que le premier jugement du 24 février 1833 ne fût pas cassé, le second, rendu le même jour, ne devrait pas encore être maintenu, puisque cette décision est motivée, non *sur un refus de service*, mais sur un prétendu fait de désobéissance et d'insubordination. D'où il suit que le Conseil de discipline, même dans le cas bien improbable du maintien du premier jugement, aurait encore fait une fausse application de l'article 92 de la loi, qui ne saisit le tribunal de police correctionelle qu'à une troisième prévention de *refus de service d'ordre et de sûreté.*

23)

Ainsi , sou s tous les rapports, les deux décisions
frappées du recours en cassation ne peuvent
échapper à la juste censure de la Cour suprême.

Paris, le 9 mai 1833.

JULES GOSSIN,

Avocat à la Cour royale de Paris.

Les avocats à la Cour de cassation et à la Cour royale de Paris,
soussignés, adhèrent sans restriction au mémoire ci-dessus, par les
motifs qui y sont développés, et auxquels ils n'ont rien à ajouter.

Paris, le 12 juillet 1833.

PARDESSUS.

BÉRARD DESGLAJEUX.

MENJAUD DE DAMMARTIN.

H. DE VATIMESNIL.

DALLOZ.

RÉGNIER.

BONNET fils.

LÉON DE VERDIÈRE.

BOUHIER DE l'ÉCLUSE

MANDAROUX-VERTAMI.

HENNEQUIN.

PARIS.—Imprimerie de Marchand-Dubreuil, rue de la Harpe, n. 90

9 782014 037524